DE LA

# TRANSFORMATION DE PARIS,

## VILLE OUVERTE,

## EN PLACE FORTE,

### PAR LE M<sup>IS</sup> DE CHAMBRAY,

Maréchal-de-Camp d'Artillerie, Membre correspondant de l'Académie royale
des sciences et belles-lettres de Prusse, et de la Société
royale et centrale d'agriculture de France.

PARIS,

LAGUIONIE, LIBRAIRE, PASSAGE DAUPHINE, 8;
PILLET AÎNÉ, IMPRIMEUR-LIBRAIRE, RUE DES GR.-AUGUSTINS, 7.

1843.

# DE LA
# TRANSFORMATION DE PARIS,

## VILLE OUVERTE,

## EN PLACE FORTE.

Long-tems avant la discussion de la loi du 3 avril 1841, relative à la transformation de Paris, ville ouverte, en place forte, j'avais, dans le chapitre VII de ma *Philosophie de la guerre,* intitulé : *Des places fortes, particulièrement dans l'état actuel de l'art de la guerre,* examiné quel rôle joueront à l'avenir les capitales des grands états qui se feront la guerre ; s'il faut les fortifier ; et j'avais fait ensuite succinctement, à la capitale de la France, l'application des conséquences que j'avais tirées de l'examen auquel je venais de me livrer (*a*). Depuis, pendant que l'on discutait la

(*a*) En 1827, dans la 1re édition de ma *Philosophie de la guerre,* et en 1839, avec plus de développemens encore, dans la 3e édition de cet ouvrage.



1

loi du 3 avril 1841, et toujours animé des mêmes convictions, j'ai défendu avec plus d'extension, dans un journal quotidien, l'opinion que j'avais précédemment émise relativement à la transformation qu'on voulait faire subir à la capitale de la France, continuant d'ailleurs à m'occuper principalement de la question militaire : j'ajouterai que plusieurs journaux quotidiens, ayant reproduit le passage de ma *Philosophie de la guerre*, dont je viens de parler, il semblerait au premier aperçu que mon opinion avait reçu beaucoup de publicité; un examen plus approfondi fait voir que non.

Les journaux quotidiens étant nombreux, et ayant plus d'étendue qu'ils n'en avaient jamais eu, ce que chacun d'eux publie de particulier n'est guère connu que de ses abonnés, et la presse du jour fait d'ailleurs oublier la presse des jours précédens. Il en résulte que beaucoup de choses bonnes et utiles à répandre peuvent être, pour ainsi dire, ignorées, parce que les moyens de publicité sont trop nombreux; autrefois, au contraire, elles pouvaient être ignorées par défaut de moyens de publicité : les extrêmes se touchent. Il peut donc être utile de revenir sur les questions importantes, et de réunir en un faisceau ce qu'on avait dit à bâtons rompus dans des articles rédigés à la hâte pendant que l'on discutait les lois; articles ayant le caractère de l'improvisation, empreints souvent des circonstances particulières aux débats, et bientôt après oubliés. Cela peut surtout être utile pour une loi telle que celle du 3 avril 1841, qui se trouve remise tous les ans en question par la nécessité de voter des fonds pour son exécution, et c'est ce que je vais tenter.

Je reproduirai d'abord textuellement ce qui est dit, dans la 3e édition de ma *Philosophie de la guerre*, du rôle que joueront à l'avenir les capitales des grands états qui se feront la guerre, et des avantages ou des inconvéniens qu'il y aurait à fortifier leurs capitales; je ferai ensuite l'application des principes qui sont posés dans ce passage à la capitale de la France, en résumant ce que j'avais précédemment publié à ce sujet, et en ajoutant quelques nouveaux développemens. Enfin, je ferai quelques réflexions sur les avantages que le gouvernement pourrait tirer de l'*embastillement* de Paris.

*Philosophie de la guerre*, chap. VII, pages 183-186, 3e édition. Paris, 1839. «Toutes les capitales
» des grands états de l'Europe sont tombées successi-
» vement au pouvoir d'armées ennemies, pendant les
» guerres de nos jours, à l'exception de Londres, de
» Pétersbourg, de Stockholm et de Constantinople;
» mais les trois premières de ces capitales sont, en
» quelque sorte, inaccessibles aux armées, et la po-
» litique seule a empêché les Russes et les Egyptiens
» de s'emparer de la dernière, les premiers en 1829,
» les seconds en 1833. Il importe donc d'examiner
» quel rôle joueront à l'avenir les capitales, et si l'on
» doit les fortifier; cette question est plus simple
» qu'elle ne le paraît au premier aperçu.

» L'importance des capitales tient à quatre causes
» différentes : à leur population, à leur richesse, à
» l'influence morale plus ou moins grande qu'exerce
» leur possession sur l'esprit des peuples, mais sur-

» tout à ce qu'elles sont ordinairement le siége des
» gouvernemens.

» Parce qu'une capitale est le siége du gouverne-
» ment, ce n'est pas un motif pour la fortifier, puisque
» ce gouvernement doit s'éloigner si l'ennemi s'ap-
» proche du lieu de sa résidence ; car on ne prétend
» sans doute pas qu'il doive s'y laisser bloquer. Ce ne
» serait donc qu'à cause de l'influence morale qu'exerce
» sur l'esprit des peuples la possession des capitales,
» que l'on aurait intérêt à les fortifier, puisque leur
» grande étendue, leur richesse et celle des lieux de
» leur voisinage sont des circonstances nuisibles, et
» que l'état éprouve de grandes pertes si elles essuient
» les calamités d'un siége. Si l'on considère, d'ailleurs,
» les sommes énormes nécessaires pour les fortifier et
» pour les munir de matériel de guerre ; celles qu'exi-
» gerait l'approvisionnement, en vivres et autres ob-
» jets, d'une très-forte garnison et d'une nombreuse
» population, on en conclura qu'en général l'état ob-
» tiendra des avantages beaucoup plus grands en em-
» ployant ces sommes à fortifier d'autres points, ou
» à augmenter le nombre de ses troupes.

» La question, envisagée sous le point de vue pure-
» ment militaire, conduit à la même conclusion : en
» effet, les plus grandes places fortes de l'Europe
» n'ont pas trois lieues de circuit, et aucune d'elles
» n'exige plus de quinze mille hommes de garnison, ce
» qui ferait présumer que, dans l'état actuel de l'art
» de la guerre, on trouverait désavantageux d'en avoir
» de plus grandes. Il suffit, pour bloquer ces grandes
» places, d'un corps de troupes qui, dans certains

» cas, peut être moins nombreux que leur garnison,
» pourvu qu'il ait une supériorité marquée en cavalerie
» et en artillerie de campagne ; on peut les attaquer
» par un seul front, comme si elles étaient plus pe-
» tites, et l'expérience prouve qu'elles ne tiennent pas
» plus que celles de moyenne grandeur ; enfin, une
» enceinte d'une très-grande étendue présente pres-
» que tous les inconvéniens des lignes, dont l'emploi,
» après avoir été blâmé par beaucoup de militaires de
» réputation, a été entièrement abandonné. L'induc-
» tion tirée des faits vient à l'appui de cette opinion ;
» car aucune des capitales des grandes puissances de
» l'Europe n'est fortifiée. Vienne l'était : le gouverne-
» ment autrichien en a fait démanteler les fortifica-
» tions.

» Il peut toutefois se présenter des exceptions. Ainsi
» il pourrait être avantageux de fortifier une capitale
» qui serait située sur un point très-important, sous le
» rapport militaire, si d'ailleurs elle n'avait pas trop
» de population, de richesse et d'étendue ; il pourrait
» être également avantageux de fortifier une capitale
» qui serait un port de mer, puisque ainsi on la met-
» trait à l'abri d'attaques inopinées de troupes de dé-
» barquement, et que si l'on était maître de la mer, le
» gouvernement pourrait y rester quoiqu'elle fût blo-
» quée. Tel était, par exemple, Cadix, qui fut le siége
» du gouvernement espagnol pendant une partie du
» tems que dura la guerre de la Péninsule. Cette ville
» étant d'ailleurs située dans une presqu'île, il en coû-
» tait moins pour la fortifier, il fallait moins de troupes
» pour la défendre. »

Paris, capitale de la France, se trouve, pour ainsi dire, dans un cas exceptionnel à cause de sa grande étendue, de son immense population, de ses grandes richesses, de ce qu'elle est la ville la plus commerçante de France, de ce qu'elle est le siége d'un gouvernement dit *constitutionnel représentatif*, dans lequel la centralisation est poussée jusqu'à l'absurde, de ce que par suite de cette centralisation et de la division de la France en quatre-vingt-sept départemens, ces petites fractions du territoire sont contraintes de subir les gouvernemens qu'elle leur impose. Mais ces circonstances exceptionnelles, loin d'atténuer les raisons que j'ai données pour ne pas fortifier les capitales, y ajoutent, au contraire, un nouveau poids.

Je dois d'abord déclarer que je croirais utile d'avoir près de Paris une place forte, que je placerais, au premier aperçu, au confluent de la Seine et de la Marne. Si le général commandant l'armée active chargée de couvrir la capitale, se trouvait dans la nécessité cruelle de la laisser occuper par l'ennemi, elle servirait de dépôt de matériel de guerre, de dépôt de munitions de guerre, de dépôt d'équipages militaires, et d'objets précieux qui se trouvent toujours dans Paris, et qu'on n'aurait pu emporter avant l'arrivée de l'ennemi : cette place forte intercepterait la communication de la Seine et de la Marne, contraindrait l'ennemi à laisser des forces imposantes dans Paris, et favoriserait les retours offensifs de l'armée active. Je croirais utile aussi de mettre Paris à l'abri d'un coup de main, afin qu'il ne pût être enlevé ou insulté par un corps détaché ; mais je crois nuisible, ainsi que je viens de le dire, de transformer cette capitale en une place fortifiée régulièrement.

Une raison qui dispenserait d'en donner d'autres, c'est que si Paris, place forte, était menacé d'un siége, il serait impossible d'en approvisionner la garnison et la population, et de maintenir l'ordre dans cette population.

Nous ferons d'abord remarquer que la population de Paris et de ses environs, qui s'est accrue d'une manière si extraordinaire, présente dans sa composition des caractères nouveaux et particuliers. Ainsi, cette capitale, qui ne contenait que quelques fabriques à l'époque de la révolution française, qui n'en contenait pas une du tems de Louis XIV, est actuellement la ville de fabrique la plus considérable de France, et elle renferme une très-nombreuse population d'ouvriers qui vit au jour le jour : personne, pour ainsi dire, n'y a d'ailleurs d'approvisionnemens chez soi.

Si Paris était une place forte, l'ennemi qui s'en approcherait pour l'assiéger, aurait intérêt à contraindre, par ses violences, les habitans des environs à chercher un refuge derrière ses murailles. Le rapporteur de la loi du 3 avril 1841 à la chambre des députés (a), évaluait à 1,300,000 le nombre d'habitans qui pourraient alors s'y trouver réunis. Il serait d'ailleurs indispensable d'y conserver un assez grand nombre de chevaux ; car il en faudrait pour le service général des approvisionnemens, et il y a des professions qui ne peu-

______________

(a) M. Thiers.

vent s'en passer ; telles que celles de marchand de bois, de boucher, de boulanger et autres.

On tombe d'accord qu'on ne pourrait se procurer un approvisionnement de viande fraîche, et l'approvisionnement en farines devrait être beaucoup plus considérable, pour le même nombre d'habitans, que dans les tems ordinaires, puisque cette substance devrait suppléer au manque de plusieurs alimens, tels que le lait, le poisson, la volaille, etc. Il y aurait d'ailleurs nécessité de s'approvisionner de farine et non de blé, puisque les moulins sont hors de Paris.

Qu'arriverait-il aussitôt que les habitans de Paris, place forte, entreverraient la possibilité d'un siége ? Que les riches, au lieu de chercher à s'approvisionner, quitteraient cette capitale, et que les marchands s'empresseraient de faire écouler leurs marchandises, et par conséquent de se désapprovisionner, dans la crainte du pillage ou de l'incendie : les expéditions de denrées et de marchandises sur la capitale s'arrêteraient donc faute de commandes, et parce que les personnes qui font ces expéditions ne voudraient plus vendre à crédit, et craindraient de ne pas trouver à vendre au comptant. La famine pourrait se déclarer dans la capitale, si le gouvernement ne se hâtait de l'approvisionner à la seule apparence de la possibilité d'un siége : mais ce n'est qu'à différentes époques de l'année qu'on peut l'approvisionner ; ainsi, par exemple, la navigation sur la Seine et sur la Marne, aussi bien que le flottage des bois, ne sont praticables que pendant une partie de l'année ; il y a des époques où les greniers sont vides, etc.

Et dans quelles circonstances le gouvernement de-vrait-il improviser ce monstrueux approvisionnement? Lorsqu'à la suite de grands revers les caisses seraient vides, le crédit serait mort, les impôts indirects se-raient considérablement diminués par suite de la guerre; lorsque l'impôt foncier, devenu la seule ressource, serait difficile à recouvrer; lorsqu'enfin il faudrait em-ployer toutes les ressources dont on pourrait disposer, -à réparer les brèches que les désastres auraient faites aux forces actives.

Qu'arriverait-il d'ailleurs aussitôt que la place forte de Paris aurait été bloquée? La désorganisation de la garde nationale, par suite de l'absence d'une partie des gens riches et aisés et la misère de la classe ouvrière. Bientôt, c'est-à-dire au bout de quelques jours de blocus, la famine se ferait sentir, et la ville serait livrée à la plus effroyable anarchie, si l'on n'é-tait parvenu à faire des distributions régulières et suffi-santes, à tous ces malheureux qui n'auraient aucun moyen d'existence.

Si l'on pèse attentivement les raisons que je viens de donner, l'on se convaincra, non-seulement qu'il ne se-rait pas possible d'approvisionner Paris en tems utile, mais qu'en supposant même que cela fût possible, on éprouverait des difficultés peut-être insurmontables à faire à un si grand nombre de personnes des distribu-tions régulières et suffisantes.

S'il est vrai qu'il serait impossible d'approvisionner Paris aux approches d'un siége, et surtout d'y main-tenir l'ordre, n'est-il pas étonnamment absurde de vouloir transformer cette capitale en une place forte?

Oui, sans doute, si l'on avait le projet d'approvisionner Paris et d'y maintenir l'ordre. Mais ne serait-il pas possible, lorsqu'on serait menacé d'un siége, s'appuyant sur la raison d'état, de ne s'occuper ni d'approvisionnemens ni du maintien de l'ordre, et d'abandonner les habitans à leur malheureux sort? Ainsi, on tiendrait alors toutes les troupes casernées dans les dix-huit forteresses qui envelopperont cette capitale, après les avoir approvisionnées; on leur ferait faire un service journalier sur les remparts du corps de place (l'enceinte continue); elles y seraient postées dans des bastions retranchés à la gorge et ayant une sortie extérieure pour communiquer avec les forteresses, sans passer par la ville; on défendrait aux soldats, sous les peines les plus sévères, de pénétrer dans Paris et même de communiquer avec les habitans. En prenant ces mesures, serait-il possible de soutenir un siége dans la place forte de Paris? C'est une question sur laquelle je ne me prononcerai point; mais je supposerai que cela soit possible, afin de pouvoir examiner quels seraient alors les avantages ou les inconvéniens de cette transformation de Paris en une place forte, sous le point de vue militaire.

La discussion de la loi du 3 avril 1841 présenta deux circonstances remarquables : d'abord, l'omission d'une raison qu'on savait être la principale, pour une partie de ceux qui appuyaient cette loi : je veux dire l'avantage pour le gouvernement d'enceindre Paris de forteresses donnant les moyens d'affamer cette ville si elle s'insurgeait, et pouvant servir de refuge aux troupes qui en formeraient alors la garnison; ensuite, le luxe de citations avec lesquelles on appuyait ou repoussait cette loi, sous le point de vue militaire. Je ne m'occuperai de la première circonstance qu'à la fin de cet écrit; quant aux citations, je ne parlerai que de celles qui furent tirées de Vauban et de Napoléon : Vauban, le plus grand ingénieur des tems anciens et modernes; Napoléon, cet aventureux général dont la carrière est un mélange de succès prodigieux et de revers inouis (*a*). J'en parlerai parce que l'opinion présumée de ces deux guerriers célèbres, sur la question qui se débattait, fut le grand cheval de bataille des défenseurs de la loi.

Le principal argument de M. le rapporteur de cette loi à la chambre des députés (*b*) fut que : « Il y a un » siècle et demi, Vauban en conçut la pensée, et qu'il » y a un quart de siècle cette pensée occupa le génie » de Napoléon...

» ... Quand deux juges en cette matière, disait-il à » la fin de son rapport, tels que Vauban, tels que Na- » poléon, l'ont conseillée (la mesure de fortifier la » capitale) avec de vives instances, nous ne compre- » nons pas quelle est l'autorité politique ou militaire » qui pourrait sérieusement s'élever contre. »

(*a*) La postérité a déjà prononcé sur Napoléon considéré comme homme d'état, comme administrateur, comme organisateur d'armées, pas complètement sur le grand capitaine : trop d'amours-propres sont encore intéressés à l'exalter ou à le dénigrer. Je sens d'ailleurs le besoin, dans la crainte d'interprétations qui ne seraient pas dans ma pensée, de déclarer que je partage l'opinion générale, qui place Napoléon au premier rang des généraux anciens et modernes.

(*b*) M. Thiers.

Je citerai quelques opinions et quelques assertions tirées du même rapport, et copiées, comme celles qui précèdent, dans le *Moniteur* du 14 janvier 1841, dans lequel il a été inséré.

1<sup>re</sup> CITATION. « .... En un mot, fortifiez la capitale ;
» et vous apportez une modification immense à la
» guerre, à la politique ; vous rendez impraticables
» les guerres d'invasion, c'est-à-dire les guerres de
» principe. »

2<sup>e</sup>. — « .... Car, à cette condition seule (que Paris
» soit couvert d'ouvrages de fortification permanente),
» une sorte d'impossibilité naissait pour l'invasion. Pa-
» ris rendu capable de résister à une attaque en règle,
» Paris était à tout jamais délivré des dangers et des
» terreurs d'un siége. »

3<sup>e</sup>. — « ... D'abord, je répéterai ce que j'ai déjà dit :
» c'est que si vous parvenez à rendre la capitale forte
» et susceptible de soutenir une attaque régulière, à
» l'instant même vous la délivrez de tous les dangers
» d'un siége ; car si Paris peut se défendre comme
» Metz, Strasbourg ou Lille, Paris ne sera jamais
» attaqué. »

4<sup>e</sup>. — « ..... La garde nationale seule, nous l'affir-
» mons, suffirait pour faire prévaloir dans Paris l'opi-
» nion de la résistance à l'ennemi, pour y maintenir
» l'ordre. »

5<sup>e</sup>. — « Mais nous avons fait une hypothèse qui est
» la plus excessive de toutes : nous avons examiné s'il
» serait possible de procurer à Paris soixante jours de
» vivres pour une population de 1,300,000 ames. Il
» nous a été démontré que cela était praticable..... Ja-

» mais un ennemi ne sera soixante jours devant Paris :
» c'est lui, et non point Paris, qui serait affamé. »

6ᵉ. — « Enfin, la difficulté une fois vaincue, se
» tourne contre l'ennemi lui-même, qui, désespérant
» de prendre une telle place, ne songe plus à l'atta-
» quer. Tout but est ainsi enlevé aux guerres d'inva-
» sion. »

7ᵉ. — « ..... Cette ligne (la ligne de défense des
» forts détachés), passant au delà de Saint-Denis,
» Pantin, Vincennes, Charenton, Ivry, Issy, Meudon,
» le Mont-Valérien, coupée par des bois, des rivières,
» des hauteurs, représente une étendue de plus de
» vingt lieues, qu'aucune armée au monde ne pourrait
» bloquer sans se disséminer à tel point, qu'elle pour-
» rait être battue partout. »

Opinions et assertions que je trouve toutes erronées,
qui ne me paraissent point mériter une réfutation sé-
rieuse, et qu'il n'entre d'ailleurs point dans mon plan
de réfuter. Mais ce qui paraîtra véritablement incroyable, des députés leur ont accordé une foi sincère, et
elles ont exercé la plus grande influence sur l'adoption
de la loi. Un fait très-curieux, et qui fait bien voir
combien une assemblée telle que celle de la chambre
des députés, est peu propre à délibérer sur des ques
tions qui exigent que l'on ait des connaissances spécia-
les, c'est que la loi du 3 avril 1841 eût passé à une
très-forte majorité, si elle eût été votée sans discussion, immédiatement après le rapport, tandis qu'elle
n'a passé qu'à une majorité de 75 voix sur 399 votans ;
elle aurait donc été repoussée, si un grand nombre de
députés ne votaient toujours pour le ministère, quelles

que soient d'ailleurs leurs convictions. Je reviens aux citations tirées de Vauban et de Napoléon, dont je ne parlerai que succinctement.

Relativement à Vauban, on a trouvé après sa mort, dit-on, un mémoire intitulé : *De l'importance dont Paris est à la France et du soin que l'on doit prendre de sa conservation.* Dans ce mémoire publié à Londres, Vauban s'occupe d'un plan de fortification pour Paris. Il n'osa, d'ailleurs, dit-il, « proposer cette » pensée à cause de sa nouveauté. » Son projet consiste à entourer Paris de deux enceintes et à faire, entre ces deux enceintes, deux citadelles, afin de n'avoir pas à « *craindre que Paris se portât jamais à* » *rien qui pût blesser son devoir.* » Mais nous ne cesserons de répéter que Paris a beaucoup plus d'étendue, de population (a) et de richesses qu'il n'en avait alors ; que l'art de la guerre a éprouvé de grands changemens depuis Vauban, et que tout porte à croire que ce grand ingénieur, par ces divers motifs, penserait différemment aujourd'hui. Nous ajouterons qu'il est bien rare que les hommes même qui ont le plus de capacité et d'indépendance dans le caractère, ne subissent pas l'influence des occupations auxquelles ils sont habituellement livrés. Les ingénieurs sont chargés de la disposition des fortifications sur les points qu'on veut fortifier et de les faire exécuter ; mais ils ne doivent point être chargés de la détermination de ces points.

En ce qui concerne Napoléon, je ferai observer que lorsqu'un homme qui a joué un si grand rôle dans les

(a) Trois fois plus de population et une étendue proportionnée.

affaires de son tems, après être tombé dans l'exil, écrit des Mémoires, l'on doit penser que ces Mémoires ne seront trop souvent qu'un plaidoyer; cela ne saurait être autrement, c'est le cœur humain. Il faut remarquer aussi que Napoléon a seulement dicté ses Mémoires et n'y a pas mis la dernière main ; il est présumable qu'il y aurait fait des changemens s'il en eût surveillé lui-même l'impression, ainsi qu'il arrive à tous les auteurs.

C'est dans ses Mémoires que Napoléon émet l'opinion sur laquelle s'était appuyé M. le rapporteur. Le passage où se trouve cette opinion fait partie de la XLIII<sup>e</sup> de ses notes, sur l'ouvrage intitulé : *Manuscrit venu de Sainte-Hélène d'une manière inconnue* (a) ; note dans laquelle il prétend prouver que « jamais, » dans aucune époque de l'histoire, on ne fit plus de » choses en trois mois, » que lui pendant les trois mois qui suivirent son retour de l'île d'Elbe. Je sais que, dans une deuxième édition on trouve, dans le tome IX, une histoire militaire des Cent-Jours en huit chapitres, qui ne faisait pas partie de la première édition (b), et

(a) *Mémoires de Napoléon*, 1<sup>re</sup> édit., tome II, page 278, écrit par le général comte de Montholon.

(b) La première édition des *Mémoires pour servir à l'histoire de France sous Napoléon, écrits à Sainte-Hélène par les généraux qui ont partagé sa captivité, et publiés sur les manuscrits entièrement corrigés de la main de Napoléon*, était en huit volumes ; elle parut en 1823-1825, environ deux ans après la mort de Napoléon. Ces Mémoires étaient précédés d'un court *Avertissement des éditeurs*, c'est-à-dire, je crois, des généraux qui les avaient écrits et qui les publiaient ; il était dit, dans cet avertissement, que leur rédaction avait été la principale occupation de Napoléon pendant sa captivité à que, dans le chap. II, Napoléon reproduit, souvent textuellement et avec de nouveaux développemens, les opinions qu'il avait déjà émises dans la note dont je viens de parler, sur l'avantage de fortifier les capitales. M. le rapporteur a pris ses citations dans ce chapitre ; moi, je crois devoir prendre celles que je vais faire dans la première édition. Je citerai textuellement :

Sainte-Hélène ; que d'abord il les avait seulement dictés, mais qu'il les avait ensuite corrigés de sa main, et que les manuscrits avaient été conservés, et étaient une preuve de l'authenticité de ces mémoires : à la fin de chaque volume se trouvaient des pièces justificatives, lorsque cela avait été jugé nécessaire.

La deuxième édition parut en 1830 ; elle contient d'abord, relativement au texte même des mémoires, tout ce qui se trouvait dans la première édition, et en outre on remarque les additions et les changemens suivans : Le court avertissement des éditeurs a été remplacé par une préface, qui est une sorte d'éloge académique de Napoléon ; la notice sur la famille de Napoléon et sur sa carrière, antérieurement au siége de Toulon, qui se trouvait en tête du troisième volume, publié par le général comte de Montholon, a été supprimée ; les pièces justificatives placées à la fin des volumes ont été remplacées par des détails relatifs à l'histoire de quelques-uns des régimens qui composaient l'armée d'Italie. Les additions sont de nouvelles notes sur l'ouvrage intitulé : *Mémoires pour servir à l'histoire de la vie privée, du retour et du règne de Napoléon en* 1815 ; il y en avait 48 dans la première édition, il y en a 162 dans la deuxième ; des notes sur l'ouvrage intitulé : *Histoire de l'ambassade dans le grand-duché de Varsovie en* 1812 ; et une histoire militaire des cent-jours, en huit chapitres, qui compose le tome IX. Ces additions au texte et ces changemens sont importans ; ainsi l'on aurait dû les motiver, et faire connaître pourquoi les additions qui ont été faites au texte dans la deuxième édition, n'avaient pas été publiées dans la première.

Depuis, en 1842, il a paru une nouvelle édition des *Mémoires de Napoléon* dans la *Bibliothèque historique et militaire* ; ils occupent dans cette collection le tome VI, et me semblent parfaitement con-

« Mais, dit l'auteur (a), quelque soin, quelque acti-
» vité que l'on mît à reformer l'armée et à réorganiser
» la défense des frontières, il était à craindre, si les
» hostilités commençaient avant l'automne, que les
» armées de l'Europe conjurée ne fussent de beaucoup
» plus nombreuses que les armées françaises, et ce se-
» rait alors sous Paris et sous Lyon que se décideraient
» les destins de l'empire. Ces deux grandes villes avaient
» jadis été fortifiées comme toutes les grandes capitales
» de l'Europe, et comme elles, elles avaient, depuis,
» cessé de l'être. Napoléon avait souvent eu la pensée,
» notamment au retour de la campagne d'Austerlitz,
» de fortifier les hauteurs de Paris. La crainte d'in-
» quiéter les habitans, les événemens qui se succédè-
» rent avec une incroyable rapidité, l'empêchèrent de
» donner suite à ce projet....

» ..... Paris avait dû dix ou douze fois son salut à ses
» murailles. Si, en 1814, elle eût été une place forte,
» capable de résister seulement huit jours, quelle in-
» fluence cela n'aurait-il pas eue sur les destinées du
» monde ? »

formes à la première édition, avec cette seule différence, qu'on n'a
pas reproduit les pièces justificatives : ainsi, ces additions au texte
qui se trouvent dans la deuxième édition, n'ont point été reproduites
dans cette nouvelle édition compacte. Et c'est, ainsi que je l'ai dit,
dans ces additions insérées dans la deuxième édition seulement, que
M. le rapporteur a pris ses citations ; mais je conviens qu'il aurait
pu les prendre aussi dans le tome II de la première édition, puisque Napoléon y émet la même opinion, quoique avec moins de dé-
veloppement.

(a) *Mémoires de Napoléon*, tome II, page 284, écrit par le général
comte de Montholon.

Je ne partage point cette opinion, et je dirai pourquoi, après avoir cité un autre passage des mêmes Mémoires, dans lequel Napoléon rapporte ce qu'il avait fait en 1814 avec de très-faibles moyens, comparativement à ceux de ses adversaires, pour faire voir ce qu'il aurait pu faire en 1815, avec les moyens qu'il eut alors à sa disposition (a). « Mais, en 1814, dit-il, Napoléon avait, avec
» 40,000 hommes présens sous les armes, fait face
» partout aux armées alliées, et souvent battu les
» 250,000 hommes de Schwartzemberg et de Blücher.
» A la bataille de Montmirail, les corps de Sacken,
» d'York et de Kleist étaient de 40,000 hommes, ils
» avaient été attaqués, battus et jetés au delà de la
» Marne par 16,000 Français, dans le tems que le
» maréchal Blücher, avec 20,000 hommes, était con-
» tenu par le corps de Marmont, de 4,000 hommes; que
» l'armée de Schwartzemberg, de 100,000 hommes,
» l'était par les corps de Macdonald, d'Oudinot et de
» Gérard, formant en tout moins de 18,000 hommes. »
On concluera de cet état de choses que si Napoléon a pu résister aussi long-tems à ses adversaires, c'est parce que ses opérations étaient bien conduites, tandis que les leurs l'étaient on ne peut plus mal, soit par le dé- faut de capacité du chef, soit par suite de la présence des souverains et, en définitive, par le défaut d'harmonie.

La campagne de 1814 est une exception; le géné- ral qui commandait l'armée française est lui-même une exception, et se trouvait dans des circonstances excep-

---

(a) *Mémoires de Napoléon*, tome II, page 293, écrit par le général comte de Montholon.

tionnelles. Ainsi, lors même qu'en 1814 il aurait été avantageux que Paris eût été une place forte, ce que je n'accorde point, on ne saurait en conclure que toujours il en sera ainsi.

Je pense d'ailleurs que malgré la lenteur, l'irrésolution et le décousu avec lesquels étaient conduites les opérations de l'armée opposée à Napoléon, ce grand capitaine aurait succombé plus tôt, si Paris eût été une place forte. En effet, il aurait fallu qu'il fît de grandes dépenses pour mettre cette prodigieuse place forte en état de siége et pour essayer de l'approvisionner, et il aurait été obligé d'y entretenir une garnison, particulièrement en troupes de l'artillerie et du génie, les seules qui puissent exécuter les travaux de la mise en état de siége, ce qui aurait énervé d'autant son armée active. Mais ce qui lui aurait été le plus nuisible, c'est l'influence morale qu'aurait exercée sur son armée, particulièrement sur les jeunes soldats, la perspective de cette immense place forte destinée à leur servir de refuge en cas de revers ; car son armée se serait trouvée ainsi dans une situation entièrement opposée à celle de ces généraux célèbres, qui brûlaient leurs vaisseaux en arrivant sur la plage ennemie, pour la mettre dans la nécessité de vaincre ou de périr.

Si l'on suppose actuellement que les Français eussent été décidés à soutenir Napoléon à tout jamais, que serait-il arrivé s'il eût été repoussé jusqu'au delà de sa capitale transformée en place forte ? On ne supposera point qu'il s'y serait enfermé avec la totalité de son armée, qui n'était pas même suffisante pour en composer la garnison, car ç'aurait été se mettre à la merci de ses adversaires; il aurait donc continué à tenir la campagne, et Paris tombant bientôt en leur pouvoir, aurait mis à leur disposition d'immenses ressources en munitions, en matériel et en équipages de guerre de toutes espèces; l'armée ennemie aurait ainsi été délivrée de la principale difficulté qu'éprouve une armée d'invasion, qui est de s'approvisionner de tous ces objets. Il faut, enfin, ajouter que Paris compte aujourd'hui une population plus nombreuse d'un tiers qu'en 1814, et que sa surface s'est accrue dans une proportion correspondante, ce qui pourrait changer l'opinion de ce grand capitaine, en supposant qu'il eût réellement pensé qu'en 1814 il aurait été avantageux à la France que sa capitale, ville ouverte et la plus commerçante du royaume, eût été une place forte.

On peut, enfin, opposer Napoléon à lui-même, car il a dit (*a*) : « Mais faut-il défendre une capitale en la
» couvrant directement, ou en s'enfermant dans un
» camp retranché sur les derrières? Le premier parti
» est le plus sûr : il permet de défendre le passage des
» rivières, les défilés; de se créer même des posi-
» tions de campagne; de se renforcer de toutes ses
» troupes de l'intérieur, dans le tems que l'ennemi
» s'affaiblit insensiblement. Ce serait prendre un mau-
» vais parti que celui de se laisser enfermer dans un
» camp retranché; on courrait risque d'y être forcé,
» d'y être au moins bloqué, et d'être réduit à se faire
» jour l'épée à la main, pour se procurer du pain et des

_________

(*a*) *Mémoires de Napoléon*, tome I, page 294, écrit par le général comte de Montholon.

» fourrages. » Or, on ne saurait nier que la place de Paris ne serait autre chose qu'un vaste camp retranché, qui ne pourrait être défendu que par une grande armée. Quoi qu'il en soit, comme il n'y a pas d'autorités qui puissent détruire de bonnes raisons, je vais continuer l'examen que j'ai entrepris.

Ce que j'ai dit des causes pour lesquelles il ne faut pas fortifier les capitales , dans le passage de ma *Philosophie de la guerre* que j'ai cité, acquiert un nouveau poids des circonstances particulières dans lesquelles se trouve Paris. Ainsi on consacre, à transformer Paris en une place forte, des sommes énormes (*a*), auxquelles il faudra ajouter une forte dépense annuelle pour l'entretien de ses fortifications, du matériel de guerre et de la garnison qu'il faudra y entretenir ; dépenses qui ont un but funeste, selon moi, et qu'il aurait été si profitable d'employer, quand il le sera nécessaire, à augmenter les forces actives avec lesquelles se décide le sort des empires sur les champs de bataille (*b*). On transforme une capitale, ville la plus riche

(*a*) On aurait construit trente bonnes places fortes avec ce qu'il en coûtera pour transformer Paris en une place forte.

(*b*) Napoléon pose les maximes suivantes dans ses *Mémoires*, tome V, page 272 : « Règle générale : *Quand vous voulez livrer une* » *bataille, rassemblez toutes vos forces, n'en négligez aucune; un* » *bataillon quelquefois décide d'une journée.* » Et tome V, page 311 : « *Le premier principe de la guerre est qu'on ne doit livrer bataille* » *qu'avec toutes les troupes qu'on peut réunir sur le champ d'opéra-* » *tion.* » Et tome II, page 197 : « *Donnez-vous toutes les chances de* » *succès lorsque vous projetez de livrer une grande bataille, sur-* » *tout si vous avez affaire à un grand capitaine; car, si vous êtes* » *battu, fussiez-vous au milieu de vos magasins, près de vos places,* » *malheur au vaincu!* »

et la plus commerçante du royaume, en une immense place forte, qui exigera plus de 100,000 hommes de garnison, tandis que les plus grandes places de l'Europe n'en exigent pas plus de 15,000 ; elle contiendra un matériel de guerre énorme, et elle sera pourtant très-faible, parce qu'elle ne sera autre chose qu'un immense camp retranché, faible sur quelques points, parmi lesquels on choisirait le plus faible pour l'attaquer : en perdant cette place forte on ne perdrait pas seulement sa capitale, mais un énorme matériel de guerre et une armée entière, la dernière ressource peut-être de la France, événement le plus heureux que puisse souhaiter le général commandant une armée d'invasion.

On ose aggraver ainsi ce désavantage si grand d'avoir une capitale d'une importance extraordinaire, située à quelques journées de la frontière la plus exposée ! On déclare en quelque sorte officiellement que si l'ennemi s'en emparait, il deviendrait par ce seul fait le maître de la France ! On porte une nouvelle atteinte au patriotisme, qui a déjà reçu de si rudes atteintes de la suprématie de Paris et du morcellement de la France en quatre-vingt-six cases ! Pourquoi, en effet, des réserves s'armeraient-elles pendant que des armées lutteraient à quelques journées de Paris, si les armes doivent tomber des mains des guerriers, au moment où l'on perdrait cette capitale. Il y a long-tems que la nation française n'existerait plus si les rois de France avaient nourri les Français de telles maximes.

Au lieu donc de proclamer que Paris est tout, que celui qui est le maître de Paris est le maître de la

France, qu'il faut fortifier Paris ; il faudrait, au contraire, pouvoir proclamer que Paris n'est la capitale que sous le rapport des sciences, des arts, des lettres et de la civilisation ; que la France a une autre capitale sous le rapport militaire ; que ce serait un grand malheur que de perdre Paris, mais qu'on ne doit jamais désespérer du salut de la patrie, tant que les Français conserveront cette valeur qui les a fait triompher de leurs ennemis pendant tant de siècles. En transformant Paris en une place forte, Paris pris, tout sera paralysé, et la France se trouvera désarmée.

La transformation de Paris en une place forte n'exercera pas une moindre influence sur l'armée que sur la nation française, par les causes que je viens de développer, puisque l'armée est tirée du peuple, et par d'autres causes encore. En effet, l'armée chargée de couvrir Paris saura que cette capitale est une immense place forte, et qu'elle doit s'y rendre ou s'y réfugier en cas de revers ; mais c'est la plus funeste pensée que l'on puisse mettre dans l'esprit des troupes, et elle peut énerver leur courage, particulièrement quand elles sont de nouvelle formation. Il faudrait, au contraire, pouvoir les mettre dans la nécessité de vaincre ou de périr, au lieu de leur montrer en perspective un lieu de retraite : le soldat ne doit avoir les yeux fixés que sur ses drapeaux, et ne doit attendre de salut que de ses chefs et de ses armes.

Depuis la chute de l'empire, il semble qu'on ait pris à tâche d'accroître la population, les richesses et l'importance de Paris, à moins que ce ne soit une conséquence de l'introduction du gouvernement dit *constitu-*

*tionnel représentatif ;* l'intérêt de la France aurait exigé précisément tout le contraire. Ainsi on aurait dû diminuer la centralisation administrative, autant que cela se pouvait faire, sans énerver l'action du gouvernement, et choisir au delà de la Loire une ville destinée à devenir capitale, uniquement sous le rapport militaire (*a*) ; cette capitale militaire devrait être fortifiée, et l'on y établirait à demeure le dépôt des archives des différens ministères : une mesure législative déclarerait que, si jamais la guerre s'approchait à moins de trente lieues de Paris, le gouvernement s'installerait dans sa capitale militaire. On atténuerait ainsi le fâcheux effet moral que ne pourrait manquer de produire l'occupation de Paris par l'ennemi, les esprits ayant été en quelque sorte préparés à la possibilité d'un tel malheur.

J'examinerai actuellement ce qui arriverait si la principale armée française, après avoir essuyé de grands revers, était repoussée jusqu'à Paris place forte ; et ensuite si cette armée, dans les mêmes circonstances, était repoussée jusqu'à Paris, ville ouverte, mais à l'abri d'un coup de main, et ayant tout près d'elle une bonne place forte située, par exemple, au confluent de la Seine et de la Marne. Je suppose d'ailleurs que le gouvernement ne serait pas uniquement à la tête de la nation française, parce qu'il serait possesseur ou dominateur de la capitale, mais qu'il aurait l'affection

---

(*a*) J'ai parlé pour la première fois, en 1827, dans la première édition de ma *Philosophie de la guerre*, et en 1839, avec plus de développemens encore, dans la 3ᵉ édition de cet ouvrage, de l'avantage qu'il y aurait pour la France à avoir une capitale militaire.

du peuple français , et que ce peuple aurait la conviction de sa durée : s'il en était autrement, Paris pris ou bloqué , ce gouvernement serait mort.

Dans le premier cas , c'est-à-dire si Paris est une place forte, l'armée active se trouverait diminuée de la garnison de Paris ; car on ne peut compter sur la garde nationale , telle qu'elle est organisée , que pour le maintien de l'ordre et non pour faire un service de guerre ; il faut d'ailleurs, quand une place est menacée d'un siége , exécuter des travaux qui ne peuvent l'être que par des troupes de l'artillerie et du génie. Le général commandant en chef l'armée principale devrait couvrir Paris par le triple motif que cette ville est la capitale , qu'elle contiendrait un énorme matériel de guerre , et que l'armée qui la couvrirait serait destinée à s'y renfermer en totalité ou en partie pour la défendre. S'il avait essuyé de grands revers , il est probable qu'il lui resterait à peine , en infanterie, les forces nécessaires pour défendre ces immenses fortifications. Mais le plus grand désastre que puisse éprouver une puissance, à moins que de perdre entièrement son armée, est précisément que cette armée soit bloquée dans une place forte après avoir essuyé de grands revers, puisque les résultats d'une telle situation sont de capituler à la suite d'un siége ou lorsque l'on a entièrement épuisé ses vivres ; et cette armée se trouverait renfermée avec une population de plus d'un million d'habitans que , selon moi , il aurait été impossible d'approvisionner , et dans laquelle il ne serait pas possible de maintenir l'ordre.

En supposant même qu'une partie de l'armée seulement eût suffi pour défendre Paris, une partie de l'armée ennemie suffirait aussi pour le bloquer, et le général commandant cette armée n'y emploierait pas des forces plus considérables que celles qui seraient renfermées dans la ville, en ayant soin qu'elles fussent supérieures en cavalerie et en artillerie de bataille. Et, en définitive, lorsque l'ennemi se serait rendu maître de Paris, c'est-à-dire peu de jours après son arrivée devant cette place, il se trouverait posséder, dans l'intérieur de la France, un matériel et des munitions de guerre considérables, ce qui lui procurerait des avantages incalculables. Ainsi, après avoir employé des sommes énormes à transformer Paris en une place forte, d'où il résultera une dépense annuelle considérable pour l'entretien de ses fortifications, de son matériel de guerre, des employés et des troupes de sa garnison, qui coûtent plus à Paris qu'ailleurs, on n'aura atteint d'autre but que de mettre la principale armée active, qui aurait essuyé de grands revers, dans la situation la plus critique où une armée puisse se trouver.

Le grand Frédéric disait qu'il fallait trois choses pour faire la guerre : *de l'argent, de l'argent et de l'argent !* Ce grand roi fut réduit, malgré les subsides qu'il recevait de l'Angleterre, à altérer les monnaies ; il perdit deux fois sa capitale, et deux fois ses ennemis furent obligés de l'évacuer ; il employait toutes ses ressources, pendant ses quartiers d'hiver, à réparer les brèches que la campagne qui venait de s'écouler avait faites à son armée active. Mais il aurait succombé s'il eût consacré une partie de ses ressources à remuer de la terre et des moellons autour de Berlin ; et il lui aurait été nuisible que cette capitale eût été fortifiée, parce que la garnison qu'il aurait fallu y mettre aurait diminué son armée active.

La République française imita le grand Frédéric : elle employa toutes ses ressources à augmenter et à améliorer ses forces actives, et parvint à se donner la supériorité du nombre ; puis, remarquant que ses bataillons de volontaires n'avaient aucune consistance, quoique composés de très-bons élémens, parce que tout, jusqu'aux cadres, était de nouvelle formation, elle les incorpora dans les bataillons de la vieille armée française, qui étaient excellens. Enfin, sous l'inspiration de Carnot, elle prescrivit à ses généraux d'abandonner le système absurde de cordon, que l'on suivait alors, pour y substituer l'emploi des masses sur les points reconnus les plus importans. Ce fut ainsi que la République française résista à ses ennemis : si elle se fût épuisée à élever des fortifications autour de Paris, pour transformer cette ville en une place forte, ou que Paris eût été une place forte, comme elle va l'être actuellement, elle eût succombé.

Je sais que quelques personnes pensent qu'au moment où l'on éprouverait de grands revers, on pourrait improviser des armées comme au commencement de la révolution française, disent-elles ; mais elles sont dans une grande erreur. Les corps improvisés où tout est neuf, officiers, sous-officiers et soldats, ont peu de valeur, et ne peuvent guère être employés qu'à tenir garnison dans les places. C'est avec des bataillons, des escadrons et des batteries bien organisés et depuis long-tems exercés, qu'on peut tenir la campagne et livrer des batailles. Les bataillons de volontaires levés au commencement de la révolution française ne forment point une exception : on s'en convaincra en lisant l'histoire militaire de cette époque ; ce fut principalement la vieille armée française qui empêcha l'envahissement du territoire. Aussi fut-ce une mesure militaire excellente que l'incorporation des bataillons de volontaires dans ceux de cette armée, et je pense qu'elle sauva la République.

Dans cette incorporation, il y eut des officiers, des sous-officiers et des caporaux des bataillons de volontaires qui perdirent leurs grades, ou qui ne furent employés qu'avec des grades moins élevés ; on cite même des officiers qui devinrent soldats. Je sais que l'on va me crier : Jemmapes ! Je répondrai par des citations. Gouvion Saint-Cyr s'exprime ainsi qu'il suit (*a*) : « Il » eût été de la dernière imprudence d'engager les ar- » mées de la République dans ce qu'on appelle une » bataille rangée (au commencement de 1793), à » moins d'avoir, comme à Jemmapes, une grande su- » périorité numérique, et encore moins dans une re- » traite, pour peu qu'elle dût se prolonger. » Et Jomini porte le jugement suivant sur la bataille de Jemmapes (*b*) : « Dix-huit mille Autrichiens exposés sur une » mauvaise ligne d'opérations, à deux cents lieues de » leur pays, acquirent plus de gloire, en se tirant de

(*a*) *Mémoires sur les campagnes des armées du Rhin et de Rhin-et-Moselle,* tome I, page 38.

(*b*) *Histoire des guerres de la révolution,* tome II, page 228.

» là avec perte de deux mille hommes seulement, que
» le général français en les laissant échapper. Ce ju-
» gement, pour être sévère, n'en est pas moins fondé ;
» car il devait les prendre jusqu'au dernier en faisant
» un meilleur emploi de ses moyens. Sans doute, les
» troupes françaises déployèrent de l'enthousiasme et
» du courage dans l'attaque du centre ; mais voilà tout
» ce qu'il y a de merveilleux pour l'époque : plus tard
» on en eût à peine fait mention. » A Austerlitz et à
Auerstedt, batailles gagnées pendant les guerres de
l'Empire, nous étions, au contraire, bien inférieurs en
nombre à nos adversaires.

Napoléon, en défendant la bonté des mesures qu'il
prit pendant les Cent-Jours, dit (a) : « Le mouvement
» populaire ne fut pas arrêté, il fut régularisé. Il fut aussi
» grand que de 1790 à 1792 ; mais alors on eut trois
» ans pour armer, et ici on n'eut que quarante jours ;
» alors on ne fut attaqué que par une armée de 80,000
» hommes, et ici on le fut par une armée de 600,000
» hommes. Si, en 1792, on eût été attaqué seulement
» par 300,000 hommes, Paris eût été pris, malgré l'é-
» nergie de la nation et les trois ans qu'elle avait eus
» pour s'organiser. »

Avant que d'examiner ce qui arriverait dans le se-
cond cas, c'est-à-dire si la principale armée française, après avoir essuyé de grands revers, se retirait
sur Paris, ville ouverte, je rappellerai que j'ai sup-
posé que cette ville serait à l'abri d'un coup de main et

(a) *Mémoires de Napoléon*, tome II, page 338, écrit par le général
comte de Montholon.

qu'il y aurait près d'elle, au confluent de Seine-et-Marne, une bonne place forte; je supposerai aussi qu'il y aurait sur la Loire deux places fortes, et au delà de ce fleuve une capitale militaire fortifiée, et même une ou deux autres places fortes, si on l'avait jugé utile pour la défense générale du royaume, ce que je n'ai pas à examiner ici.

Le général commandant en chef l'armée principale, après avoir essuyé de grands revers, après avoir défendu, autant qu'il l'aurait pu, les pays situés entre la frontière et Paris, se verrait donc dans la nécessité cruelle d'abandonner cette capitale et de se retirer dans la direction de la Loire. Eh bien! quel que fût le malheur d'avoir perdu Paris, je dis que, sous le point de vue purement militaire, la situation de l'armée serait devenue meilleure qu'elle ne l'était dans les dernières journées où elle couvrait la capitale. En effet, elle serait plus libre dans ses mouvemens, n'ayant plus à couvrir Paris; l'ennemi serait obligé, d'ailleurs, de laisser une force imposante dans cette capitale, à cause de sa grande population et du voisinage d'une place forte; cette place forte lui causerait de l'embarras en interceptant le cours de la Seine et de la Marne, et en favorisant les retours offensifs de l'armée française. Le gouvernement, secondé par la nation, redoublerait d'efforts, et rien n'est décidé tant que l'on a une armée qui tient la campagne.

Ce fut ainsi que les Autrichiens, après avoir perdu leur capitale en 1809, qui, quoique fortifiée, armée et approvisionnée, ne se défendit point, firent essuyer un échec à Napoléon à Essling et balancèrent sa fortune dans les champs de Wagram ; mais si la place forte de Vienne eût été assez grande pour recevoir les débris de l'armée autrichienne, et que ces débris s'y fussent renfermés, l'Autriche eût été dès lors à la merci de son vainqueur.

La prise de Vienne, en 1805, ne termina pas la guerre, ce ne fut qu'après le revers d'Austerlitz que l'empereur autrichien demanda la paix.

La perte de Berlin, en 1806, fut beaucoup moins funeste à la Prusse que celle de Magdebourg, où se trouvait réuni un immense matériel de guerre. Ce qui mit cette puissance dans la situation la plus critique, ce furent les revers d'Iéna et d'Auerstedt, qui avaient presque entièrement anéanti son armée ; et pourtant, le roi de Prusse ne se décida à demander la paix que lorsque tout son territoire eut été envahi.

Madrid fut occupé plusieurs fois par les Français, pendant la guerre de la Péninsule, sans que sa possession leur fût d'un grand secours pour établir leur domination en Espagne.

En 1812, la perte de Moscou, capitale par son importance et par ses souvenirs, ne contraignit point Alexandre à demander la paix ; au contraire, cet événement, en excitant le patriotisme de ses sujets, lui procura de nouvelles ressources.

Il est nécessaire que je parle des chemins de fer dans leur rapport avec la transformation de Paris en une place forte, puisque l'on fait de cette capitale le centre des principales communications de ce genre, que l'on se propose d'exécuter. La création de ces chemins, devant augmenter encore l'importance de

Paris, augmentera les inconvéniens que j'ai signalés; cette capitale étant, d'ailleurs, beaucoup trop rapprochée des frontières du nord et de l'est de la France, il serait à désirer, *sous le point de vue purement militaire*, dans le cas d'une invasion, qu'entre cette grande ville et ces frontières, les communications, qui sont si nombreuses et si bien entretenues, fussent, au contraire, peu nombreuses, et que la marche des armées y fût hérissée de difficultés. Les chemins de fer rapprochent les distances, augmentent la facilité des communications ; ils seraient donc nuisibles à la France si elle avait le malheur de subir une invasion de ce côté. Que si l'on me dit que l'on détruirait ces chemins, je répondrai que cela ne serait pas possible, du moins d'une manière utile, après que la perte d'une grande bataille aurait amené une invasion.

On sait les embarras prodigieux et souvent le désordre extrême qui suivent, de nos jours, la perte d'une grande bataille; aussi ne prétendra-t-on pas, sans doute, qu'on pourrait détruire les déblais et les remblais des chemins de fer, lorsque, souvent, on n'a pas même le tems de faire sauter les ponts sur les rivières ; mais on parle du déplacement des rails. Hé bien ! en supposant que l'on eût eu le tems de déplacer quelques rails, l'ennemi aurait eu bientôt rétabli le chemin aux dépens du territoire envahi ; et il en tirerait d'immenses avantages pour faire arriver des recrues, des munitions, du matériel de guerre, des équipages militaires, par la raison que, plus il pénétrerait sur notre territoire, plus il s'éloignerait de ses grands dépôts. Je n'hésite pas à affirmer que, dans de telles conjonctures, il nous serait funeste d'avoir des chemins de fer conduisant de Paris aux frontières du nord ou du nord-est.

Si nous pénétrions sur le territoire ennemi, les chemins de fer ne nous présenteraient, d'ailleurs, pas autant d'utilité qu'on pourrait le penser au premier aperçu, parce que nos grands dépôts, Strasbourg, Metz, Lille, etc., touchent à notre frontière (a). Un chemin de fer conduisant de l'intérieur des états autrichiens au Rhin serait, au contraire, fort utile à l'Autriche, si elle faisait la guerre à la France, parce que les frontières de cette puissance sont éloignées du Rhin. Elle s'en servirait, non pas pour faire arriver ses armées, car il sera long-tems encore absurde de penser que cela soit possible, et d'ailleurs les armées sont ordinairement en présence quand la guerre éclate ; mais pour faire arriver des recrues, des munitions, du matériel de guerre et des équipages militaires.

Il s'est déjà dit beaucoup de choses curieuses relativement aux changemens merveilleux que les chemins de fer apporteront, dit-on, dans le système de guerre, et j'avouerai que je ne partage point cette opinion ; mais ce n'est pas ici le lieu de traiter cette question.

J'ai la conviction qu'il ne s'écoulera pas un grand nombre d'années avant que ces fortifications, que l'on élève à si grands frais, ne soient rasées, à l'exception

---

(a) Cette disposition de nos grands dépôts est avantageuse quand nous pénétrons sur le territoire ennemi ; nuisible quand l'ennemi pénètre sur le nôtre : ainsi, cette disposition est en définitive mauvaise.

de quatre forteresses, peut-être, que l'on conserve-
rait pour maintenir Paris dans l'obéissance et pour se
procurer les avantages qu'on tirerait d'une bonne
place forte construite près de cette capitale, ainsi que
je l'ai dit.

Non, ce n'est pas Paris qu'il fallait fortifier, c'est
la monarchie qu'il ne fallait pas démanteler; la monarchie qui, maintenant la France en un faisceau
depuis tant de siècles, l'avait préservée si long-tems
de l'invasion étrangère! Ce sont les sentimens patrio-
tiques qu'il ne fallait pas travailler à détruire ou à
altérer, en adoptant la corruption comme moyen de
gouvernement; car le patriotisme et les bonnes institutions civiles et militaires sont le seul bouclier durable
des grands états.

Je vais actuellement, laissant la question militaire,
sur laquelle je crois avoir épuisé tout ce qu'il y avait à
dire, selon mes convictions, examiner pour la première fois quels avantages de stabilité le gouvernement se procurera, en faisant enceindre Paris de
dix-huit forteresses ou forts. Cet examen a de l'importance, car un très-grand nombre de personnes, parmi
celles qui ont suivi les débats des chambres, sont
convaincues, à tort ou à raison, que beaucoup de
membres de ces chambres n'ont voté pour la loi du 3
avril 1841, que parce qu'elle procurera l'*embastillement* de Paris, moyen assuré, selon elles, de maintenir les Parisiens dans l'obéissance, et que, sans cette
circonstance, la loi n'eût pas passé. Ainsi, selon ces
personnes, l'obtention du droit de transformer Paris en
une place forte n'aurait été, pour beaucoup de votans,

qu'un moyen de l'embastiller, pour me servir de l'expression adoptée.

Il y aurait, à la vérité, à examiner d'abord une question préjudicielle, si je puis m'exprimer ainsi ; c'est de savoir s'il est de la nature du gouvernement dit *constitutionnel représentatif,* dans lequel le pouvoir exécutif est entre les mains du roi, que la ville où les chambres délibèrent soit entourée de forteresses et de forts, ce qui faisait dire au rapporteur de la loi (*a*), à la chambre des pairs : « Serait-ce aller trop loin que » de supposer qu'il pourrait venir des jours où il serait » fâcheux que les grands conseils de la nation eussent » à délibérer au milieu de tout l'appareil d'une place » de guerre? » Mais laissant de côté le droit, je ne m'occuperai que du fait.

En France, tout gouvernement qui pourra compter d'une manière solide sur l'armée, ne saurait être renversé par une insurrection ; aussi dans toutes les révolutions qui ont éclaté dans ce pays, depuis 1790, c'est en définitive la force militaire qui a tranché les questions, soit parce qu'elle s'est tournée contre les gouvernemens, soit parce qu'elle leur a manqué, soit parce qu'ils se sont manqués à eux-mêmes en ne s'en servant point : il est donc très-important pour le gouvernement d'avoir une armée sur laquelle il puisse compter à tout jamais. Mais comme cela n'est pas toujours possible, que les chambres pourraient se trouver en désaccord avec le pouvoir exécutif et être appuyées par la population parisienne, que des insur

(*a*) M. le baron Mounier.

rections peuvent éclater dans Paris, il serait très-utile au gouvernement, dans de telles conjonctures, s'il ne parvenait pas, enfin, à faire rentrer ses adversaires dans l'obéissance, de pouvoir réunir ses troupes dans des forteresses autour de Paris.

Elles y seraient sous la rigoureuse police des places de guerre, elles y trouveraient avec certitude des vivres, des munitions et du matériel de guerre ; et non-seulement on éviterait ainsi leur contact avec la population, si dangereux alors, mais on pourrait ne les instruire que de ce que l'on aurait intérêt à leur faire connaître : il serait enfin plus facile de maintenir la discipline. On pourrait, même sans faire sortir les troupes des forteresses, affamer Paris, puisqu'il suffirait d'une défense d'y conduire des vivres, appuyée de quelques coups de canon tirés sur les récalcitrans, s'il s'en trouvait ; on pourrait mettre le feu en cent endroits de cette ville, lors même que les forts seraient à une trop grande distance, puisqu'il suffirait de faire avancer des batteries d'obusiers et de fusées incendiaires, qui tireraient sur la ville de jour ou de nuit, et qui auraient leur retraite assurée sur les forteresses.

Dans cet état de choses, il faudrait beaucoup moins de troupes au gouvernement pour maintenir Paris sous son obéissance ; le gouvernement aurait beaucoup moins à craindre que les troupes ne s'insurgeassent ou ne vinssent à lui manquer, et il lui serait plus difficile de se manquer à lui-même ; il pourrait compter sur l'appui de la garde nationale, même lorsqu'elle lui serait désaffectionnée, parce qu'il tiendrait toujours suspendu sur sa tête cette menace terrible : *J'abandonne*

*Paris et je me retire avec les troupes dans les forte-*
*resses, si la garde nationale ne peut pas leur prêter*
*un appui efficace pour maintenir l'ordre.*

Toutefois, comme les meilleures mesures ont leurs inconvéniens, il semble qu'il aurait été préférable de n'avoir autour de Paris que quatre bonnes forteresses, qui auraient suffi pour donner les mêmes sûretés, parce qu'on trouve plus facilement quatre hommes dévoués et énergiques, que dix-huit, et que si la garnison d'une des dix-huit forteresses s'insurgeait, il serait à craindre que son exemple ne fût suivi par les garnisons des autres forteresses. L'inconvénient d'avoir dix-huit forteresses au lieu de quatre serait très-grand, dans l'état actuel des choses, si la France était un état isolé ; car avec son genre de gouvernement qui la conduit aux mœurs du bas-empire, avec des institutions militaires qui ne sont en harmonie ni avec les institutions politiques, ni avec les institutions civiles, elle serait exposée à des insurrections *militaro-populaires* fréquentes, sans la crainte de l'intervention des puissances étrangères. Mais s'il est vrai que la loi du 3 avril 1842 n'a passé que parce qu'un bon nombre de votans n'ont considéré la raison militaire que comme un prétexte, il y avait nécessité de conserver dans le projet de loi et l'enceinte continue et la ceinture de forts détachés.

Les opinions des étrangers me paraissent d'accord avec celles des personnes qui pensaient que la raison militaire était le prétexte, pour un bon nombre de votans, et l'embastillement la réalité. Il a paru dans la 9e livraison du *Journal militaire* prussien de 1841, un article intitulé : *De la Fortification de Paris, et*

*de sa signification pour le présent et pour l'avenir.*
Cet article, signé B....n, a été traduit (a); il est attribué à M. Blesson, major du génie prussien, connu par de savans écrits : j'en citerai quelques passages.

L'auteur commence par dire que : « Considéré sous » le point de vue militaire, il n'y a guère à s'occuper » de ce projet. » Cependant il l'examine sous ce point de vue, et fait voir qu'une place telle que Paris ne pourrait guère se défendre. « Dans tous les cas, dit-il, » on avouera que cette conception considérée par ses » inventeurs comme le complément absolument indis-» pensable du gouvernement constitutionnel, récem-» ment découvert, jointe à un budget énorme, ne fait » pas du gouvernement à bon marché le système le » moins cher de gouvernement. » La pensée de l'auteur se manifeste encore plus clairement dans les deux passages suivans :

« Quand on est en mesure de maintenir l'ordre dans » Paris, on est le maître de régner et de gouverner en » France; et il n'y a pas loin de là à la pensée d'en-» tourer tellement la capitale elle-même que tout » mouvement lui devienne impossible. Mais il ne fallait » pas non plus révéler trop tôt cette pensée aux chers » camarades, etc. »

« ..... Mais si les troubles surviennent, si les masses » comme peuple souverain, si les rhéteurs, du haut de » la tribune, veulent gouverner, on ferme les barrières » pour quelques jours, et l'on prescrit une diète con-» venable jusqu'à ce que la raison soit revenue. Si la

______

(a) On le trouve chez Dentu, au Palais-Royal.

» presse se rend dangereuse , si l'on fait un appel à la
» guerre, on s'empare des émeutiers , et on leur assi-
» gne des logemens propres à opérer leur guérison.
» Bref, Paris sera ramené tout à la fois matériellement
» au repos, à l'ordre , et à la conviction qu'une capitale
» fortifiée est le complément nécessaire d'une républi-
» que revêtue de formes monarchiques. »

De l'Imprimerie de PILLET aîné, rue des Grands-Augustins , 7.

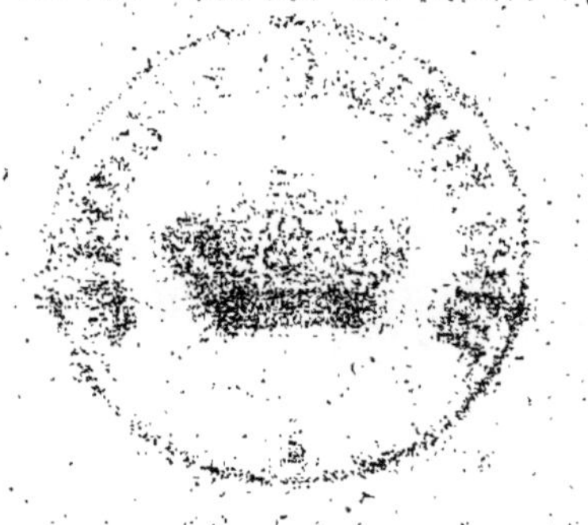